Un monde Heureux

<u>Un monde Heureux</u>	<u>Page 1</u>
<u>L'École</u>	<u>Page 7</u>
<u>Tes Parents</u>	<u>Page 12</u>
<u>La Guerre</u>	<u>Page 17</u>
<u>L'Amour</u>	<u>Page 22</u>
<u>Les Filles</u>	<u>Page 27</u>

Tu sais !
Regarde ton petit camarade !
Comme toi !
Il connaît la joie,
Comme toi !
Il connaît la peine aussi,
Il est heureux,
Mais parfois, comme toi !
Il soufre aussi,
Alors !
Avant de lui faire du mal,
réfléchit à cela !
Si tu lui fais du mal !
C'est comme si,
tu te faisais, un peu de mal à toi-même !

Ne vaut-il pas mieux,
Vivre dans un monde harmonieux!
ou tout le monde,
connaît la joie de vivre!
Plutôt que dans un monde,
ou tout le monde se déteste, et soufre!
Dans le premier monde,
dans ce monde-là!
Tout devient beau!
On avance!
Et tous ensemble,
on crée de jolies choses!
Pour que le monde,
dans le qu'elle ont vie!
Le monde dans le qu'elle!
Tu vis!

Soit agréable,
et que la joie, et le plaisir de vivre,
coulent comme une source,
Claire,
et limpide au fond de toi !

Alors !
La prochaine fois !
Avant de faire du mal à ton petit voisin !
Ton petit camarade de classe,
à l'école !
De lui jouer des sales tours !
Qui te fond bien rire !
Mais qui lui fond bien du mal à lui !
Et Bien de la peine aussi !
Réfléchit bien !

Car c'est à toi-même !
Que tu te fais du mal !
C'est à toi-même !
Que tu te fais de la peine !
N'oublie pas cela !

de Amandine et Bernard Jp Delattre

L'École

Il pleut !
Il vente !
Il neige !
Il fait froid !
Il fait chaud !
Et le Soleil te tape sur la tête !
Mais pourquoi je vais à l'école ?
Qu'elle drôle question !
Te dis-je à toi-même !
Mais ton professeur,
Maitresse ou Maitre,
T'apprends qu'elle que chose d'essentiel !
Qu'elle que chose,
qui va te servir, toute ta vie !
Il t'apprend la liberté !

Celle de vivre et de pensée en toute liberté!

Si tu ne vas pas à l'école!

Tu ne seras pas tous cela!

Et d'autre! Profiterons de naïveté,

et de ton ignorance!

Pour se servir de toi!

Ils t'emmèneront dans des pièges!

Et te feront trébucher!

Ils te feront du mal à toi!

Mais aussi,

Ils te feront faire du mal à d'autre,

Sans même que tu t'en rendre compte!

Et tout cela!

Pour leur propre fin à eux!

Leur propre intérêt!

Tu seras leur pantin !
Celui que l'on tire, et actionne avec des ficelles !
Et quant-ils auront plus besoin de toi !
Ils te jetteront dans les méandres,
et les noirceurs de la vie !
Voilà ce qu'il t'attend, si tu ne vas pas à l'école !

Alors !
La prochaine fois !
Sache que le jeu,
Du tempts,
Et du temps,
En vaux bien plus,
Que la chandelle !

Même si le froid, et la chaleur,
Te fait souffrir!
Les marionnettistes de pantins!
Eux!
Ils te ferons,
Bien plus souffrir que cela!
Alors!
Écoute bien ton professeur!
Maitresse ou Maitre,
Ne leurs ferme jamais tes oreilles!
Car c'est ton cœur,
Qui restera fermer à jamais.

de Amandine et Bernard Jp Delattre

Tes Parents

Tu travailles mal à l'école !
Tu ne travailles pas !
Tu ne fais pas tes devoirs !
À l'école,
Tu n'écoutes pas ton professeur !
Cela te fait bien rigoler !
Tu te tapes sur le coquillart !
Mais sache, que par-derrière, sans te le dire !
Tes parents s'inquiètent pour toi !
Ils s'inquiètent, de voir leurs fils ou leur fille comme cela !
Ils sont tristes pour toi !
Tu les fais souffrir !
Mais toi ! Cela te fait bien rire !

N'entends-tu pas !
Leurs sanglots intérieurs, déchirer leurs cœurs ?!
Et tu, à ce point-là !
Aussi sourd, et sans cœur !
Pour faire de la peine comme cela ?
Ne serait-il pas plus agréable,
pour eux, comme pour toi !
De leur faire plaisir et de te faire plaisir
en même temps ?
Est-ce que tes parents, n'auraient-ils pas,
un air joyeux !
S'ils te voyaient enfin !
Le nez dans tes livres !

Ne serait-ce pas là pour eux !
Le plus beau des cadeaux !
Que tu pourrais leur faire ?
Plutôt que celui, d'un sourire furtif !
Bref, et non-sincère ?!

Eux !
La seule chose, qu'ils veulent pour toi !
C'est un avenir meilleur, que celui qu'ils ont eu, et on connut !
Pas un avenir de noirceur ! Et de labeur !
La vie est fragile !
Tes parents aussi !
Surtout, quant il s'agit, de l'avenir de leurs enfants !
L'avenir de toi !

Alors !
Avant de bien rigoler !
Et de bien te marrer !
N'oublie jamais !
Qui rira bien,
Rira bien le dernier !

de Amandine et Bernard Jp Delattre

La Guerre

La guerre !
C'est l'incertitude !
L'incertitude de l'avenir !
L'incertitude des sentiments de ton voisin
ou de ton petit copain !
Il est avec toi !
Et le lendemain, il est contre toi !
Tu es seul face à tous !
Tout se brouille,
Et se déchire au fond de toi !
La guerre !
C'est comme ci, Tu ouvres une porte,
sur une pièce obscure !
Tu ne sais pas, ce qui se trouve à
l'intérieur !
Un Frison immense, t'envahit alors !

Ce frisson s'appelle, la peur !
Elle te paralyse !
Le monde s'effondre au tour de toi !
Tu n'arrives plus à pensée !
Tu n'arrives plus à agir !
La peur te détruit !
Et déjà !
Les ombres de la grande faucheuse !
La dame de la mort !
Danse au tour de toi !
Voilà !
C'est ça la guerre !

Alors !
Pense toujours à la paix !

Évite les querelles,
Et tu n'auras pas d'ennuis!
Range les armes,
Et ranges tes points aussi,
Et tu n'auras pas d'ennemis!
Recherche jamais la guerre!
Recherche toujours la paix, et tu la trouveras!
Elle te protègera!
Comme le cocon protège,
le futur papillon que tu es!
La paix!
Est un tout petit mot!
Mais ce mot, représente simplement la vie.
de Amandine et Bernard Jp Delattre

L'Amour

Elle court,
La maladie d'amour !
Elle te fait souffrir !
Elle te pique les yeux !
Tu n'es plus le même ou la même !
Tu souris quand même,
Mais tu es jaloux ! Ou jalouse !
Tu t'en prends à tout le monde !
À tes parents, tes amis, tes cousins,
et tes cousines !
Et pourtant !
Tu dois la dompter,
Comme on dompte un cheval fou !
Tu dois la maîtriser, et maîtriser tes
sentiments aussi !

Ou irrémédiablement !
L'amour que tu as en toi !
Se transformera en haine !
Et tu seras égaré, ne sachant plus,
à quel saint te vouez !
Tu feras beaucoup de peine au tour de toi !
Et tu ne seras même plus !
Si c'est de l'amour ou de la haine,
que tu avais éprouvés à l'origine !
L'amour est un sentiment fort !
Laisse là, quant elle s'endort !
Laisse là te caresser, de ces belles ailes déployer !
Maîtrise là !

Et tu verras!
À quel point, elle te bercera!
L'amour,
C'est le plus beau des cadeaux!
Mais ne la déballe pas,
Ni trop vite!
Ni trop tôt!

de Amandine et Bernard Jp Delattre

Les Filles

Tu es une fille ?
Tu dois respecter les garçons !
Mais sache, que si tu es un garçon ?
Tu dois respecter les filles aussi !
Les filles sons plus sensibles, et fragile que les garçons !
Quand tu leur fais du mal,
Et les faits pleurer,
Ils ont la larme facile, et le cœur gros !
Ils sont plus faibles physiquement,
et donc moins fortes que les garçons !

Ils t'énervent !
Parce qu'ils ont une façon différente,
d'aborder la vie !

Mais tu verras!
C'est pour ces mêmes raisons, que tu les aimeras plus tard!
C'est pourquoi,
Tu dois respecter les filles!

Mon papa me disait,
Qu'a son époque à lui!
Lorsqu'il était enfant!
Il existé un code d'honneur, entre les filles et les garçons!
Et que les garçons, même s'ils étaient plus forts que les filles!
Ne devaient jamais leur faire du mal,
(En les frappants, les menaçants, les faire pleurer etc....!)

Il me disait !
Que si un garçon, ne respecter pas ce code !
Les autres garçons, lui faisaient immédiatement rappeler à l'ordre !
Parce qu'il avait oublié ce code !
Pourquoi, ne frais tu pas pareille ?
Respecte les filles !
Et tu verras !
Ils te le rendront largement !
Et pour eux,
Tu seras leurs héros !
Et tu te sentiras vraiment bien,
En leurs présences, si agréables.

de Amandine et Bernard Jp Delattre

Du ou des mêmes Auteurs,

LE MYSTERE DU CHÂTEAU (conte de Noël)

L'ESPIONNE RUSSE & PANIQUE A L'UNIVERSITE   (roman)

L'INCROYABLE SECRET (roman)

LES REVES DE ZIGUI (roman)

L'ANATHÈME (roman interdit -18 ans)

SPICE IN LOVE (indisponible! livre inachevé!)

LE N°22 NE RÉPOND PLUS! (policier)

KURTS & LE JOKEY CLUB (roman adolescent)

LA PETITE ANNITA (roman adolescent)

LE MYSTERE D'ANNIE (roman, qui sera achever, printemps 2015)

VOYAGE SPATIAL VISUEL   (Astronomie)

CITATIONS ET POÊMES A MOI MÊME   (Philosophie)

LA REVOLUTION PHOTOGRAPHIQUE (Optique numérique)

L'OBSERVATOIRE DE LA BUTE DE RAMPILLON (Dessin industrielle) en prévision

FRANK BORMAN le Christophe Colomb des Temps moderne. (Astronautique) en cours

MON PERE, LE PERE NOEL! (adolescent)

ALORS, SOEURETTE…! ou Halte! À la violence à l'école. (Philosophie pédagogique, 32 pages)

*

BIBLIOGRAPHIE

Couverture recto a) et b) : de l'auteur

Couverture verso a) et b) : de l'auteur

Filigrane toutes les pages : de l'auteur

Photos des pages : de l'auteur

Livret de présentation : de l'auteur

Script : de l'auteur

Modèle en photo : Amandine Delattre

Droits d'auteur:
Toute reproduction intégrale ou partielle, par quelque procédé que ce soit,
Du texte ou du contenu dans ce présent ouvrage, et qui sont la propriété de l'auteur,
Est strictement interdite,
Toutes ressemblances avec des personnes existantes ou ayant existés ne seraient que fortuites,
Et seraient indépendant de la volonté de l'auteur, qui ne pourrait en être tenu pour cause,
Ce livre, n'est que l'imaginaire de l'imagination de l'auteur,
Nangis, Janvier 2015.

Éditeur :
BOD-BOOKS on Demand
12-14 rond point des Camps élisées
75008 Paris, France
Impression :
BOD-BOOKS on Demand, Norderstedt,
Allemagne

ISBN : 9782322012718
Dépôt légal : Janvier 2015